Los hogares de la gente

escrito por Margie Burton, Cathy French y Tammy Jones
adaptado por Raquel C. Mireles

Una casa es
un hogar.

Una cabaña es un hogar.

Una choza es
un hogar.

Un tipi es
un hogar.

Una carpa es un hogar.

Un iglú es
un hogar.

Un bote es
un hogar.

Un departamento es un hogar.